AF607129
AVERSO

RIZENMUSEUM

Custodio Tejada

Número 37 de la Colección **AVERSO POESÍA**

Rinzenmuseum

Edición al cuidado de Averso Poesía
www.aversopoesia.com

Primera edición: octubre de 2024
ISBN: 978-84-10027-40-4
Depósito Legal: GR 1328-2024

Imagen de cubierta: Flores de ciruelo japonés a la luz de la luna (siglo XVIII) Imagen original de dominio público del Instituto de Arte de Minneapolis.

Impreso en España - *Printed in Spain*

El papel utilizado para la impresión de este libro está calificado como papel ecológico y procede de bosques gestionados de manera sostenible.

RIZENMUSEUM

Custodio Tejada

PRÓLOGO KOTOBAGAKI

Rinzen es una palabra japonesa que se traduce como «despertar súbito». También es el título de una escultura de Antoni Tápies que une las tres plantas del edificio MACBA en Barcelona. Hay una cama en vertical que está anclada a la pared, y sobre ella hay cinco somieres de madera, mantas y almohadas, y además, aparecen escritos los números 1-2-3. Una instalación hecha poesía y alegato que se expone como un haiku visual.

Los museos guardan alguna relación con la taxidermia por lo que tienen ambos de apariencia liofilizada. Un museo y un haiku se parecen a una rosa seca. Es por ello por lo que me pareció oportuno titular este libro así, *Rinzenmuseum*, porque de alguna manera un poeta que pretende ser haikista lo que busca es capturar la esencia de los instantes, las miradas atentas y los acontecimientos, para conservarlos con apariencia de presente resucitado cada vez que se lee, y no de pasado inexistente. Darles una nueva vida en la palabra, otra luz eterna antes de desaparecer para siempre en el trascurrir del tiempo. Embalsamar la inmediatez en el lenguaje es otra forma de retener la fugacidad de la existencia y del agua, de capturar la esencia de la vida con su perfume inmaterial. De alguna manera un *haijin* es un poeta taxidermista del instante, del aquí y el ahora.

Tankas, gogyokas, senryus, zappais, jiseis y haikus, las estrofas japonesas como jaulas de faraday lingüísticas, protegen contra el paso del tiempo, el olvido y la oxidación de la mirada, y se suceden en este *Rinzen-*

museum con la única intención de disecar el asombro, la emoción y el pensamiento que he experimentado en el día a día. El momento hecho eternidad, consciencia, autenticidad y verdad poética. Todo un atrevimiento, lo sé. Hay que arriesgarse en esta vía espiritual y metafísica de lo inefable. Escribir un haiku (o cualquier otra estrofa japonesa) es una forma de impresión por *gyotaku,* de Sábana Santa. *Gyotaku* es una técnica japonesa de impresión que se realiza por contacto, como una especie de «protonegativo» fotográfico. En este caso la tinta es el lenguaje y el papel es el alma del poeta. Esa impresión se convierte en el testimonio de la ausencia, en la esencia misma de una huella. Igual que una sombra.

Convertir la mirada en un trípode de diecisiete a veintidós sílabas o en un microscopio de treinta y una dioptrías. Cuando miramos como haikistas convertimos la mirada en un acto íntimo y puro. La palabra convertida en un *flash* o un mechero de yesca que emociona y conmueve, en un fijador de perfumes y matices. La vida contemplada a través de los ojos del lenguaje *zeitgeist.* Convertir el silencio en un estado del alma que roza la mística del asombro sin buscar la ortodoxia. Retener la existencia en unos pocos versos que iluminan y guían como un cirio de noche. Estos poemas que resuenan como trinos panojas son el negativo de un positivo que se convierten en tatuajes de la lucidez y la contemplación. El *aware* es al haiku de la misma manera que «la energía es a la materia lo que el alma al cuerpo». [1]

Estos versos, como si proyectaran luz ultravioleta sobre

1. Antonio Enrique.

luminol, ejercen un efecto atrapasueños, y como una telaraña de palabras nos retienen en su red silábica y lumínica. Es una senda estrecha por la que caminan el silencio y la sabiduría, un vaciamiento que llena. Es tan importante el espejismo como la mirada, el objeto o el momento como los ojos que miran, el positivo como el negativo, la revelación como la captura fotográfica, el espejo como su reflejo, la sed como el agua, el misterio como la epifanía. La mirada y su percepción poética no tendrían sentido ni serían útiles sin esa relación afectiva que mantienen con el arte y la mística. Pero también pueden ser otra cosa.

Retener la sorpresa, capturar el momento y su arrebato, compartir un despertar, fusionar vida y lenguaje, captar esencias, convertir los sentidos y el pensamiento en un oasis de eternidad e infinitud. Escribir y mirar como si sucediera un acto de revelación o una hierofanía o un fenómeno cuántico. Es por tanto, un libro místico, por lo que tiene de sagrada la condición del alma y la estética de lo inefable. El asombro es el hilo de Ariadna que recorre todo el libro, entendido como un estado de consciencia en busca de lo transcendente. Un itinerario taxidérmico de contemplación y silencio. Un rosario de instantes haikus inspira la primera parte. En la segunda, un conjunto de tankas lleva y trae de un trance a otro, de una mirada a un latido. Y un conjunto de poemas más largos ensancha el camino lector y vital del libro en las dos últimas partes. *Rinzen-museum* tiene algo de templo, pero también de ágora y oráculo.

Custodio Tejada

No sigas el camino de los antiguos, busca lo que ellos buscaron.
Matsuo Basho

La poesía es el diálogo con el tiempo, de un hombre con su tiempo.
Antonio Machado

La poesía japonesa es una poesía de instantes, de los puros instantes, pero claro, en los puros instantes está todo el pasado y todo el porvenir también.
Jorge Luis Borges

I

EL JARDÍN DE LOS INSTANTES LUCIÉRNAGA O LOS TRINOS PANOJAS

Podemos tomar el haiku como camino espiritual de apertura hacia el mundo, de desprendimiento y contemplación, de entrenamiento del yo y comunión con la naturaleza, como un sendero hacia la transcendencia, o tan solo como uno de tantos formatos literarios de los que cualquier escritor puede disponer. Queda en uno.

JOSÉ ANTONIO OLMEDO

Un haiku es como una foto hecha de palabras, más que una forma de escritura, el haiku es un camino para aprender a mirar el mundo.

MARÍA JOSÉ FERRADA

Un solo instante dura muchos recuerdos.

JESÚS MONTIEL

*

Abro con hambre
las páginas del libro:
poemas sushi

*

solo tres versos
taller de taxidermia
la eternidad

*

Sobre tres camas
duerme el instante inmóvil:
Rinzen Luciérnagas.

*

Rinzenmuseum:
taxidermia desnuda,
vida y lenguaje.

*

vida salvaje
en la quietud serena
de los instantes

*

cielo estrellado
ando por el sendero
azul del haiku

*

cerrar la boca
hacer con el silencio
cerezo en flor

*

Rosa liófila:
espiritualidad
marchita y eterna.

*

la flor cortada
aguarda en el jarrón
el cristal de agua.

*

Campo de trigo:
huele a pan recién hecho
en la mirada.

*

Sé-d poesía:
realidad y deseo
en vaso de agua.

*

ruta marítima
de saliva con beso
y tornaviaje

*

insecto fósil
atrapado en el tiempo
espejo de ámbar

*

Flautista de Hamelin:
son mis ojos un bosque
de hojas secas

*

Japón despierta
wabi-sabi wasabi
mirada gyoza

*

en procesión
como las Santas Ánimas
van las hormigas

*

poema cerro
que da cobijo y calma
útero cueva.

*

la flor no es flor
hasta que la seduces
y te enamora

*

un árbol habla
ruge la motosierra
la vaca pace

*

Bosque quemado:
sentencia sumarísima.
Tierra de nadie.

*

una libélula
llena el cielo de aliento
y fantasía

*

La mansedumbre
da desesperación
a los guerreros.

*

Comparte aquello
que necesitas. Dona
lo que te sobra.

*

un pararrayos
no detiene el peligro
de la tormenta

*

extravagante
un calamar se viste
con minifalda

*

Nada la abeja
sobre pétalos blancos:
¡apoteosis!

*

Juegan dos hombres,
un abrazo en el parque
de color rosa.

*

Corre la vida
detenida en un salto:
ley de la selva.

*

en cielo abierto
vuela una mariposa
se oye un disparo

*

Una burbuja
va por el desagüe.
No pienses que huye.

*

el caminante
busca nuevos caminos
nunca se pierde

*

Tela de araña.
Hogar deshabitado.
Sabiduría.

*

En el desierto
la gota de sudor
desaparece.

*

Sed de verano:
la cerveza fresquita
del frigorífico.

*

Paz en el mundo.
¡Riqueza repartida!
¿Sueño imposible?

*

Piel delicada
cobijo de los dioses
Sábana Santa.

*

noche de bodas
bálsamo espiritual
caña de azúcar

*

brindis de labios
dulce avituallamiento
termas de luz

*

Gota rocío:
utopía de cristal
en el jardín

*

el sol se entrega
como espiga de trigo
que se hace pan

*

Una amapola
entretiene mi paso:
tierra y carmín.

*

Ojos abiertos
que lanzan un arpón
efecto búmeran

*

Una lombriz
suplica a la luciérnaga:
¡dame tu luz!

*

Feliz infancia:
juegan en el recreo
magia y memoria

*

años vividos
semilla que da fruto
hoyo en la tierra

*

Juego de naipes,
carta en la mesa vuela.
¡Apuesta el aire!

*

se oyen palabras
de amor en mi ventana
vuelo de pájaros

*

capa de ozono
blanqueo de capitales
pacto de Kyoto

*

colesterol
en las naciones ricas
hambre en el mundo

*

vertidos tóxicos
naturaleza muerta
buenas ganancias

*

Una avalancha:
flores de almendro brotan
sin anestesia.

*

un perro ladra
suena el timbre en la noche
se oye una voz

*

¡recorre el cielo
bulanico de viento!
coge un deseo

*

Huele a tristeza:
mece el viento una rama.
Llega el otoño.

*

todos los días
algo insignificante
ordena el cosmos

*

Un bello príncipe
buscaba una ranita
y encontró un sapo.

*

Espesa niebla:
un cuchillo la corta.
Huele a tostada.

*

Un ovni surca
el cielo. Sopla el viento.
Bolsa de plástico.

*

el caracol
sueña con un destino
lleno de babas

*

el infinito
comienza y finaliza
en un renglón

*

salta la luna
una comba de estrellas
el sol la mira.

*

Arena fina
una duna se mueve
en Gibraltar.

*

en el verano
a cuestas con tus pasos
arde la sombra

*

una parada
de autobuses ofrece
muchos paisajes

*

Dulce batalla
de sombras y caderas.
Álgido tómbolo.

*

Altar del cielo
tus pechos en mi boca.
Manjar de dioses.

*

Una caricia
de carmín me sonroja.
Fresa en los labios.

*

igual que un pétalo
una gota de sangre
brota en mi dedo

*

Silencio. Mira.
Alas de mariposa
componen música.

*

El hielo tiembla
cuando la fe asesina
quema la piel.

*

En un tren roto
Ciento Noventa y Tres
violines suenan.

*

sobre caballos
de plata cascabeles
de luna fría

*

La lluvia intenta
oscurecer sin éxito
un parabrisas.

*

sobre tu piel
se posan mis dos manos
diez mariposas

*

Un minuto antes
en ese mismo sitio
cayó una teja.

*

una amapola
en medio del trigo arde
como la sangre

*

ojos cerrados
negro monocromático
la noche oscura

*

Un niño corre
detrás de una pelota.
El tiempo vuela.

*

un bocadillo
olvidado en el campo
festín de hormigas

*

Sagrado enero:
rito de fuego y chisco
de San Antón.

*

el sol derrite
un cubito de hielo
llega el verano

*

corre diciembre
y un cerdo pide auxilio
huele a morcilla

*

tiembla Siberia
en el vuelo suicida
de dos carámbanos

*

sobre el papel
llueven letras saladas
son tristes lágrimas

*

un corazón
late en una barrica
de roble: ¡es vino!

*

suena el teléfono
la nieve se confiesa
en mis oídos

*

las nubes pasan
mientras en mi ventana
salta un gorrión

*

por la mañana
el hielo y sus cristales
rompen espejos

*

el sonajero
está lleno de estrellas
mi niño duerme

*

después del fuego
sólo quedan cenizas
y mucho frío

*

hiela la noche
y los huesos se rompen
la muerte quema

*

un astro alumbra
la obra del artista:
luz de linterna

*

un vaso de agua
arrastra una avalancha
de tinta escrita

*

mis dedos frágiles
acarician tu cuerpo
de manuscrito

*

bajo las sábanas
un pijama despierto
cuenta ovejitas

*

la bicicleta
pedalea en mis venas
papá me llama

*

agua y aceite
en una taza juntos
flota el mal de ojo

*

mis calcetines
sedientos de aventura
andan sonámbulos

*

salta en la rama
cantando la hora en punto
reloj de cuco

*

en mi nariz
cosquillean burbujas
de Coca-Cola

*

por la mañana
una flor en el pelo
embriaga el aire

*

no dejaré
que el dolor de mis piedras
rompa tus sienes

*

en mis sueños
caminé sin parar
toda la noche

*

llenas de polvo
arden en el jarrón
tres rosas secas

*

una veleta
señala con el índice
el sitio exacto

*

en la montaña
el eco retransmite
una cascada

*

la carretera
conduce por un mapa
lleno de curvas

*

como una maceta
la página de un libro
echa raíces

*

flota en un vaso
de leche una galleta
de chocolate

*

un estornudo
avanza con la fuerza
del huracán

*

en la sartén
un huevo frito espera
que el pan lo moje

*

la luna aúlla
y en el parterre blanco
espera el lobo

*

en mi bolsillo
una piedra recuerda
las cosas buenas

*

la cigarra canta
debajo de la cama
cuando anochece

*

en el sofá
una taza de té
duerme la siesta

*

como un rebaño
de copos cae lenta-
mente la nieve

*

en mi bolsillo
los pañuelos esperan
un estornudo

*

un coche deja
una familia rota
en la calzada

*

jóvenes senos
alimentan de sueños
pobres miradas

*

si te desvistes
en mi alcoba y me besas
seré un espejo

*

en alma pura
la poesía auténtica
se abre camino

*

una libélula
hace geometría
en una acequia

*

estalactita
el tiempo se desangra
estalagmita

*

Fin del mundo:
el Arca de Noé
está vacía.

*

La flor se cierra
envuelta con sus pétalos,
dulce onanismo.

*

los niños corren
y el aire en movimiento
me da en la cara

*

un hombre alegre
en un folio en blanco
ve su destino

*

no tengo sueño:
una dulce ovejita
me ofrece un ábaco

*

una pistola
encima del armario
huele el destino

*

tomo café
y la noche se estira
como un elástico

*

agua caliente
la bolsita infusiona
se para el tiempo

*

como rizomas
los dedos del pianista
tocan las teclas

*

cuando amanece
crea jurisprudencia
la luz del sol

*

el maniquí
se transforma en luciérnaga
cuando se viste

*

noche de baile
carrera en las medias
tacones rotos

*

contra el cristal
retumban los cubitos
y la ginebra

*

dos piernas largas
me llaman a su paso
y yo las sigo

*

en la pecera
baja hasta el fondo el pez
y luego sube

*

sopla el levante:
revuelo de toallas
y de sombrillas

*

toalla al hombro
va el exhibicionista
marcando músculo

*

torsos esbeltos
enseñan sus tatuajes
tan aburridos

*

un cuerpo diez
desliza su figura
sobre patines

*

calle marítima
desfile de vestidos
con piel morena

*

crema de lobos
para usar en las noches
de luna llena

*

somos turistas
dependemos del sol
como las plantas

*

se acerca el barco
una estela de luz
alegra el puerto

*

atraca el ferry
una fila de coches
aguarda el turno

*

van de rebajas
maniquíes desnudos
caras sin rostro

*

páramo estéril
molinos de aire y viento
giran las hélices

*

la arena envuelve
un tapiz de sombrillas
crecen los hongos

*

Quema la arena,
camino de madera,
chanclas de goma.

*

racimo de uvas
dorado por el sol
sorbo de vino

*

tacón de aguja
largas piernas de vértigo
copa de cava

*

«¡Ven acá y sígueme!»:
—Le dice la crisálida
al crisantemo.

*

dardo en el cielo
parece la avioneta
sobre las nubes

*

con el calor
la frescura del suelo
echa raíces

*

las esculturas
inmóviles parecen
musas de piedra

*

El viejo Ulises
tiene los pies inquietos
de tanto andar.

*

Calle Estornino,
la mejor compañía,
tu copa gratis.

*

Sin dentadura
un viejo abre la boca:
habla la risa.

*

playa flamígera
tiembla la superficie
cuarenta grados

*

melocotones
en flor dan su perfume
a mis recuerdos

*

sobre la mar
un ejército de olas
avanza indómito

*

Sacos terreros
protegen los retablos
de la barbarie.

*

cara feliz
de un niño en los festejos
tren de la bruja

*

Publicidad:
rebajas engañosas,
consumo esclavo.

*

cicatriz blanca
que sangra azul de mar
lancha a babor

*

el faro orienta
con su luz a los barcos
en la negrura

*

Persecución:
atasco en la autovía
multa de tráfico

*

Fútbol circense:
los nuevos gladiadores
duermen al pueblo.

*

venas abiertas
aroma de poeta
en cada letra

*

mi juventud
se marchitó esperándote
perdí la vida

*

la margarita
se convierte en un haiku
al deshojarla

*

tiempos de crisis
demasiado rencor
en las miradas

*

una hamburguesa
se ducha con tomate
frito y mostaza

*

ambiente calmo
fiesta en un jardín zen
muerte en el ático

*

de cualquier forma
si las piedras hablasen
Toledo embriaga

*

damasquinados
amores imposibles
las tres culturas

*

como veleta
sin rumbo en el tejado
gira la brújula

*

liba la abeja
campanillas silvestres
brocal de pozo

*

de nada sirven
si tengo que morir
los homenajes

*

pícnic de pipas
en el banco del parque
juerga de hormigas

*

aunque me queme
las alas con su llama
la luz me atrapa

*

encandilado
aguarda el saltamontes
la hora del salto

*

pasan las nubes
dejando tras de sí
un cielo abierto

*

Pertenecemos
al Universo, somos
como uña y carne.

*

erguida en medio
de una torre vigía
trepa la espiga

*

Fiesta de pueblo
euforia colectiva:
la tradición.

*

Filosofía:
tanatorio de ideas.
Fe igual a vida.

*

remiendos de aire
que la emoción provoca
son los suspiros

*

quiero dormir
las musas no me dejan
llueven poemas

*

de madrugada
se despierta el poeta
polvo de estrellas

*

La carretera,
línea discontinua
que nunca acaba.

*

hoja en el agua
salvamento marítimo
para una hormiga

*

no duda el barco
cuando entra en el puerto
está seguro

*

murmuraciones
una forma cruel
de asesinato

*

se alquila *loft*
burbuja inmobiliaria
se vende piso

*

Un falo erecto,
torre de catedral,
consuelo místico.

*

en la negrura
suena el maracatú
de los tambores

*

Testigo ciego
de la pasión, el mar
también nos besa.

*

la desnudez
embriaga los perfiles
de los bañistas

*

en las toallas
los cuerpos se broncean
con las miradas

*

adonde vayas
te seguirá tu sombra
sin rechistar

*

luna gigante
vestida con perseidas
órbita elíptica

*

la mar salada
sorbo que da sabor
mientras te ahoga

*

agua estancada
mosquitos asesinos
que me desangran

*

el *pececito*
nada al fin en las lágrimas
de su mamá

*

en el camino
las piedras cantan bingo
a cada paso

*

en una esquina
una mujer mira la hora
busca trabajo

*

mujer que pasa
bolero en mis ojos
son sus caderas

*

la mecedora
balancea la sombra
de una higuera

*

bikini blanco
en la playa nudista
nieva en mis ojos

*

sentirte uno
con el mar y las olas
hacerse el muerto

*

Ávila mística
ciudad amurallada
los cuatro postes

*

ojos inquietos
corzos enamorados
entre las sábanas

*

cuánto alimenta
en la contemplación
lo que se calla

*

en el amor
solo cuenta y embriaga
lo que se dice

*

la luz estira
un presente de chicle
en mis zapatos

*

baile de pétalos
corazón eviterno
entre mis dedos

*

en la cocina
jamón de pata negra
ríe el cuchillo

*

la vida es sueño
bostezan las sábanas
cuando me duermo

*

puertas abiertas
peligro hay corriente
se escapa el gato

*

la araña atrapa
a su presa al despiste
la momifica

*

Frente al balcón
un semáforo cambia
de color, me guiña.

*

Suenan campanas,
torre de catedral
en mis oídos.

*

Un gorrión
se posa en la calvicie
de Pedro Antonio.
Soy una estatua.

*

Noche sagrada,
los girasoles duermen,
recogimiento.

*

Día de lluvia,
la nube sube a un taxi,
charco y espejo.

*

el ascensor
baja las escaleras
de diez en diez

*

al alcance de
la punta de mi lengua
está el silencio

*

Un ciprés arde
anunciando la paz
del cementerio.

*

Hoja perenne
de olivo vestida
de eternidad.

*

Me mira un gato,
carambola de ojos,
billar de luna.

*

Hace tanto frío
que mi aliento proyecta
un esbozo de nube.

*

Bambú con hojas,
romance a la vista,
pluma de pavo.

*

Paso la tarde
viendo una película
en el balcón,
crujir de pipas.

*

Canta el canario,
banda sonora en la jaula
del pensamiento.

*

Mirada atenta,
avispero de letras
en tres renglones.

*

Cierro los ojos,
el espíritu bonsái
sopla en el bosque.

*

La retahíla
de nombres en el móvil,
el columbario.

*

Improvisado
museo en la calle,
el mercadillo.

*

Alhambra roja,
atauriques, mocárabes,
haikus de yeso.

*

La Vía Láctea
en un vaso de leche,
huele a bizcocho.

*

momento único
si descubro la voz
de mi ignorancia

*

La Teología
del asombro, una flor
da su perfume.

*

Escena lírica:
pelo una cebolla,
mis ojos lloran.

*

La parto en dos
mitades, efluvios de
naranja emanan.

*

Vuela una mosca,
—ya ha llegado tu hora:
le dice el trapo.

*

Los callejeros,
retahílas de nombres
que van y vienen.

*

Cuatro estaciones,
ropa de temporada
cae y florece.

*

Mesa redonda,
pasa una legión de ángeles,
sala de juntas.

*

El sol refleja
en la ventana espejo,
deslumbramiento.

*

Cascada de agua,
micrófonos abiertos
a las alturas.

*

La vaharada,
espacio aéreo
de mis latidos.

*

Miras al cielo,
escuchas lo que lees,
sinestesia.

*

Un avión cierra
su estela cremallera
entre las nubes.

*

La borrachera,
tendida sobre el sofá,
duerme la mona.

*

Un pino crece
junto a la carretera,
lo abraza un coche.

*

Día de lluvia,
movimiento de nubes
dentro del alma.

*

Luz de farola,
la noche envuelve cuerpos,
sombras chinescas.

*

A cinco bandas
rueda sin detenerse
la carambola.

*

Convierte en arte
la mano que la toca,
agua del grifo.

*

En procesión
van por la calle larga
las jacarandas.

*

Bajo mi pie
la escena de un crimen,
sangra la fresa.

*

El saltamontes
duda, pero no existe
después del choque.

*

luna del coche
una gota de golpe
choca un insecto

*

Suena el violín,
Sube y baja el arco:
La vida es bella.

*

Vestido blanco,
hay un prado en el bosque
que huele a hierba fresca.

*

La gente pasa,
pero yo sigo perma-
n(a)ciendo aquí.

*

Campo de nísperos,
curvas de Ítrabo giran
cerca del mar.

*

Paisaje ninfa,
salida de emergencia
para la oruga.

*

Gotea el churro,
Tahona del Paseo,
su chocolate.

*

Ojo quirófano,
mirada de la mosca
por la herida.

II

LUMINISCENCIAS GYOTAKU

(Tankas del periquete)

Es el deseo de la infinitud
lo que nos hace esclavos del instante.
JUAN RAMÓN BARAT

aceptar que mis ojos
ahora son mis maestros.
ARTURO TENDERO

Se trata de decir lo justo, lo esencial.
SUSANA BENET

Contemplación

El mundo gira
mientras tú y yo charlamos
de nuestras cosas
—le dijo el poeta
al paisaje inmóvil.

Poética zen

En un estanque
un emperador místico
dibuja nombres
como latidos de agua.
Jardín de partículas y ondas.

Vida contemplativa

Aquí me encuentro
como el ciprés de Silos,
solo y silente,
justo en medio del claustro
observando mi sombra.

Escribir un haiku: día de fiesta.

Globo de feria,
dardo que da en las sienes,
gano un peluche.
La mirada me envuelve
en papel de regalo.

Efecto mariposa

Salta la rana
justo en el fregadero,
su onda expansiva
llega hasta mis ojos:
tsunami en dos lágrimas.

Año Nuevo

Un año va
y otro año nuevo llega.
Doce uvas doce,
doce campanas suenan
en cada Nochevieja.

Ausencias

I
Sillas vacías
y una mesa incompleta
en Nochebuena.
Varias estrellas lloran
la paz que nunca llega.

II
Sillas vacías
y una mesa incompleta.
Varias estrellas lloran
la Nochebuena
que nunca llega.

La crisis

I

Los Reyes Magos
han vendido su ropa
mirra oro incienso.
No tienen golosinas
para los niños buenos.

II

Es Navidad
y no me queda crédito
en la tarjeta.
Que vivan los regalos
que no cuestan dinero.

Padre

I

Mi hijo me dice
su primera palabra.
Sonríe el mundo
y un almendro florece
en los ojos del padre.

II

Lengua de trapo
sakura yozakura
sobre mi pecho.
Son tus primeros pasos
brújula en mis deseos.

Lengua de trapo

Juega en la alfombra
una lengua de trapo.
El tiempo pasa
tan deprisa que olvida
que una vez fuimos niños.

El beso

I

La llama prende
un dibujo en el aire.
Dulce silueta
ardiente de un abrazo
que quema los rastrojos.

II

La llama prende
en los rastrojos secos.
Roja silueta
de labios juguetones
que no quieren descanso.

El aburrimiento

Aburrimiento.
El vuelo de una mosca
señala el rumbo
exacto del tesoro:
una gota de almíbar.

Desde el Mulhacén

En la montaña,
más allá de la cima:
televisión.
Los ojos son tentáculos
que atrapan la esperanza.

El canario

En una jaula
canta un rayo de sol.
No importa nada.
El universo entero
se conmueve en silencio.

El accidente

El accidente
deja en la carretera
un sueño roto
y una mancha de sangre
que no se borra nunca.

Tormenta

No son luciérnagas,
son chispazos de luz,
solo relámpagos
de un mechero de yesca
para encender la noche.

La nieve

La nieve cae
despacio y con sigilo,
cabalga el aire
con espuelas de plata.
Pétalos en el cielo.

El tiempo

Deshaz el pan
en migajas pequeñas
y una bandada
de recuerdos veloces
devorarán el tiempo.

Cortar una flor con espinas

Las cinco yemas
con sus lágrimas riegan
el trigo verde.
Un campo de amapolas
en mis manos florece.

El baño de mi hijo

En la bañera
un barco de periódico
va por la espuma
dibujando una estela
de letras y jabón.

Wall Street

Una tortuga
decide meditar
en Wall Street
sobre los beneficios
del estrés y la prisa.

El gol

Una pelota
me regatea en corto
en una alfombra.
Corriendo detrás de ella
mi hijo y sus botas nuevas.

El penalti

Respira hondo,
tira con alegría
y mete gol.
Después cierra los ojos
y piensa en la afición.

Paloma de luz

Paloma blanca
que tejes una nube
en el tejado,
deja que las estrellas
acaricien tus alas.

Hojarasca

Un pajarillo
de viento y hojas secas
canta en la jaula.
Por las aceras tristes
resuenan las pisadas.

La favorita del harén hace miel en el panal

I
No puedo amarte
porque ando desposada
con una abeja
que hace miel con mi néctar.
Soy su flor favorita.

II
Con mis suspiros
soy la flor más cautiva
que poliniza
los cuentos y leyendas
de una época pasada.

Las ramas

Vienen y van
sopladas por el viento
en suave oleaje.
Dicen que si las podan
son leña de brasero.

Poeta

Con un ejército
de incendiarias luciérnagas
habla el volcán
por la boca del hombre
y el vuelo de las aves.

El vino

Sorbo tras sorbo
va el vino desnudando
la flor de Baco.
El tiempo se hace eterno
y el placer infinito.

Resplandores

Otros sentidos
se abren de par en par
cuando la luz
se apaga de repente
y te quedas a solas.

El baile andaluz

El escenario
se viste de lunares
y faralaes.
Zapatos de claqué
con brillos de charol.

La noche

La oscuridad
asusta mucho menos
cuando la luz
vence a los impostores
y arrincona las sombras.

Noche de bodas

Sobre tu cuerpo
aperos de labranza
cultivan nubes,
soles, estrellas, uvas
y otras frutas del cielo.

Puñado de arena en Bolonia

I

Rueda la arena,
comienza la mudanza
grano tras grano
del desierto y sus dunas
a través de mis dedos.

II

Gibraltar gana
tierra a la bahía
y rascacielos.
Los camiones se llevan
la arena de Bolonia.

Atraco en una jaula

Pasamontañas,
música de una caja
registradora.
Una pistola apunta
a las sienes del pájaro.

Diálogo lacónico

Me muerdes, me odias,
me escupes a la cara,
pero... ¿Hablamos?
No tengo más mejillas,
tu lengua es un patíbulo.

El bañista pasea por la playa

Un bañador
de lycra muy ceñida
marca el paquete
de un bañista pasivo
que se alimenta de ojos.

El artista

Solo el artista
descubre el manicomio
que lleva dentro.
La mejor obra de arte
es su propia locura.

Toblerone-Almería

I

El Toblerone
se muere para siempre
sin hacer ruido.
Vaya con él mi pésame
a las autoridades.

II

Hierros, cascotes,
amasijo de alambres:
el monumento.
Después del Toblerone
impera la ignorancia.

III

No hay peor cosa
cuando poco se tiene
que derribar
aquello que nos hace
únicos, singulares.

Refugios de la Guerra Civil

Bajo la tierra,
donde asusta el quirófano,
nace una niña,
mientras, las bombas cubren
de humo negro el cielo.

Almería-Minas de Alquife-Cable Inglés

I

La vía muerta
que lleva el mineral
corona el puerto:
peineta de aquella época
con huella dactilar.

II

Tumbada al sol,
como una Torre Eiffel
dormida y olvidada,
descansan sus raíles:
cargadero hoy de sueños.

Vértigo

Sin darnos tregua
vivimos tan de prisa
y sin sosiego,
que la vida discurre
con más pena que gloria.

Consejo

Cuando la luz
esté bajo sospecha
y el alma apremie,
deja que la verdad
encuentre su camino.

La vida

Momentos, solo
momentos, una suma
inacabada
de frágiles vagones
que al final descarrilan.

Los muertos

Los cementerios
en noviembre relumbran
cuencos de aceite
con mariposas blancas,
es día de difuntos.

Juego de chinos

Domingo feria,
celebración y copas,
quien pierde paga:
jugamos a los chinos.
Blancas con las que saques.

Fotografía

Un niño espanta
palomas en la plaza:
revuelo de alas.
Una vieja se queda
con el pan en las manos.

Castillo de arena

El mar lo rompe
sin ningún miramiento,
mi hijo lo rehace.
El castillo de arena
parece indestructible.

Los recuerdos

Abro el armario
y se mete la polilla
en un abrigo.
Bolitas de alcanfor
son mis ojos cansados.

El pájaro

Alimentando
con extremo cuidado
a sus polluelos
el pájaro en su pico
lleva un par de gusanos.

El faro

Un faro alumbra
en la noche. Le canta
al transeúnte
el peligro que tiene
la costa y sus sirenas.

En el Raval

Un ladronzuelo
corre por el Raval,
dobla la esquina.
Su sombra lo persigue
con luces de sirena.

Ojos de gato

Me miran como
dos faros encendidos:
hambre de gato
que busca en la basura
su humilde recompensa.

Borrachera

I
El mar bravío
una noche de juerga:
resaca de olas.
Marea y mareo,
vaivén que lleva y trae.

II
Ancla y timón,
paso de peatones,
un mar de copas.
El horizonte cruza
la calle y veo doble.

Vestidor

Ojo polilla
bolitas de alcanfor
en el armario.
Retales de memoria
cuelgan perchas recuerdos.

Día de Difuntos

Farolillos de río
el día de Difuntos
son crisantemos.
Todo fluye corriente
arriba si hay fe.

Fuego

Arde el rastrojo
cerca de la piscina
Sanos y salvos
lo celebran los árboles
en el claro del bosque,
hablan con sus raíces,
a través de las hojas.

Acto de fe

Veo una cruz,
la imitación de Cristo
se hace grúa.
La mística efímera
transciende la mirada.

Tormenta

Pasa un avión
con yoduro de plata,
las nubes huyen.
Estela química,
arañazo del hombre,
la lluvia cae.
Jugamos a ser dioses,
máquinas sin frenos
en nombre del progreso.

Álbum de fotos

Todas las fechas
apuntan al instante.
Contenedores
transportan sentimientos,
tráfico de emociones.

Melancolía,
contrabando inédito
que huye en narcolanchas.

Llueve en Sevilla

Subo a sesenta,
Puente del Centenario,
tres carabelas.
Una fila de coches
enciende los faros.

España y Portugal

I

Las catenarias
convierten los tranvías
en versos sueltos,
guiños sobre raíles
de dos almas gemelas.

II

La Península
Ibérica no entiende
que haya fronteras
entre las almas libres
que nacieron hermanas.

El matadero

Nube de plumas,
trasiego de camiones,
muro caído.
Los pollos desconocen
que van al matadero.

Cuatro gatos

Escalinata,
sentados, un cuarteto
de gatos, maúllan
música de cámara
con sabor a pescado.

Urgencias

Sala de espera
pasillo de hospital
silencio sordo.
Una gota de suero
cuenta cada segundo.

El despertador

Canta el gallo
la neurodivergencia
del despertador.
La mañana está llena
de horarios imposibles.

En el dentista

Adolescente
tumbado en sillón dental
sonrisa bracket.
El Ratoncito Pérez
toma un güisqui con hielo.

El corral

La puerta vieja
de un corral, con polilla,
se desmorona.
En su madera ajada
balan tristes recuerdos.

Cuevas de Almagruz

I

Las cuevas hablan
con sus habitaciones
de lo antiguo.
En ellas los recuerdos
permanecen indemnes.

II

El techo curvo
muda la gravedad
en un abrazo
que aprieta en lo más hondo
del amor a la tierra.

El reflejo

Una ventana
y un espejo entreabiertos.
Por el resquicio
entra la luz que huye
buscando el reflejo.

Las hormigas

En el camino
una fila de hormigas
corta el paso.
Llega la primavera
con olor a despensa.

III

CÁMARA OBSCURA

Ama tu ritmo y ritma tus acciones
bajo su ley, así como tus versos;
eres un universo de universos
y tu alma una fuente de canciones.
Rubén Darío

Ojos, los del asombro.
Ojos, los del instante.
Javier Gilabert

Espejos deformantes

I

Cámara obscura:
otra forma de ver
lo que pasa
con la misma mirada,
pero distinto espejo.

II

Miran los ojos
cóncavos y convexos
el horizonte.
El tiempo se detiene
con hambre fotográfica.

Fado en Lisboa

Lisboa habla,
mis ojos van subidos
en un tranvía.

Ando Lisboa,
la vida se desliza
sobre raíles.

Las catenarias
en la vieja Lisboa
transportan nubes.

El río Tajo
desciende cuesta arriba,
fado en mis venas.

Sardinha en lata,
suvenir con esencia
de mosaico.

Café de un sorbo,
el efecto Pessoa
surca mis labios.

Bocas de riego,
mi paseo en Alfama
es un incendio.

Sobre leones
un túmulo de mármol
se hace poema.

Mi esposa baila,
ronco a ritmo de fado,
se enfada el sueño.

Mosca Factory,
la librería espera
bajo el puente.

En la colina
la escalera encabalga
la sinalefa.

Gótico místico,
monasterio de carne,
luz de vidriera.

Callan las piedras
el toque de tacones
por las aceras.

El «lispoeta»,
un nuevo gentilicio
para el viajero.

Ojos en vilo,
la gaviota vuela
en la mirada.

Un gorrión
debajo de la mesa
lo picotea.

Dan los andamios
cuidados paliativos
a las fachadas.

Pastel de nata,
en lo alto de la Torre
Belém embriaga.

Vino de Oporto
con pasteles de Sintra,
fado en la boca.

Tasca do Chico,
bohemia en el Barrio Alto,
melancolía.

Calles lisboetas
llenas de catenarias
para los turistas.

Los miradores
elevan la mirada
del horizonte.

Encuentro de aguas,
Estuario del Tajo,
el mar y el río.

Qi en la escuela

La tiza chilla
en la pizarra, escribe
con la dentera.

Círculo blanco,
se enciende la luz
del proyector.

Una canasta
improvisada, atino en
la papelera.

En el colegio
los árboles dan sombra
a los recuerdos.

Sale volando
un avión de papel
por la ventana.

El patio estira,
movimiento sin pausa
en los recreos.

La pelota echa
de menos a las manos
de los infantes.

Juegan al zorro,
retumba el griterío
en el gimnasio.

Caza el balón
jugando al quema quema,
gana una vida.

Aula vacía,
mesas y sillas callan
el abecedario.

Los niños crecen,
el maestro los mira
con alegría.

Verano

Desde la playa
un mar de lentejuelas
visten mis ojos.

De chiringuito
en chiringuito vivo
en la sombrilla.

Quema la arena
y unas chanclas de goma
la desafían.

El sol aprieta
con sus destellos de hielo
en el mojito.

La yerbabuena
embriaga con su aroma
en la terraza
de verano a cuarenta
grados bajo la sombra.

Llega el verano,
desfilan los biquinis,
la libido arde.

La piel morena
impregna los sentidos,
seduce el alma.

Sobre nosotros
aspersores con agua
que dan la vida.

Esta es la esencia
del estío en agosto:
baño y toalla.
No dejes para luego
la ruta de las olas.

Las vacaciones
saben a sol y arena:
gran maridaje.

Cuando el verano
guarda su desnudez
empieza el frío.

La sierra

Cumbres de nieve
botas que no descansan
bastón de trekking

Sube a la sierra
y encontrarás la paz
de los paisajes

Como la fe
los senderos conducen
hacia la cima

Arces quejigos
piornales tomillares
zarzaparrillas
Laguna de la Mosca
Vereda de la Estrella

Siete Lagunas
Veleta y Mulhacén
Sierra Nevada

La lentitud
de los pasos, bastones,
remos y piernas.
Alta montaña
refugio Postero Alto
y el río Alhorí

Laguna seca
última glaciación
Isla biológica
Encinar de Bayárcal
y Puerto de la Ragua

Desde allí arriba
ves la Hoya de Guadix:
fértiles valles.

Topos ardillas
víboras y culebras
y lagartijas

Picón de Jérez
campanillas y aulagas
abejarucos
estrella de las nieves
manzanilla real

Miro el paisaje
que me habla y seduce
con voz en *off*.
Águilas búhos
mochuelos y cernícalos
cabra montés

Selfies de ensueño,
vértices geodésicos.
sierra sin fin: el espectáculo.

Ráfaga de luz / Vivir con corazón

Una bolita
de energía se expande
dentro del sol.

Saca la lengua
y deja que suceda:
Qi en movimiento.

El corazón
contiene el infinito,
late en tus yemas.

Eternidad,
lentifica tu vida,
día sagrado.

Cuatro elementos
trébol de cuatro hojas
cuatro estaciones.

Respiración:
cuatro altares de amor,
consciencia cósmica.

Vive el silencio,
el supremo descanso
de la palabra.

Tigre y gacela.
No busques soluciones,
busca el cariño.

Un puente siempre
acerca dos orillas.
Renacimiento.

Regala música,
y sin prisa ni pausa
el bien *elonga*.

Tren mortal

Se adelantó
el otoño, catástrofe
sobre raíles.

El maquinista
llevó la desgracia
a muchas casas.

Desolación,
tragedia inexplicable,
sangran las piedras.

Curva maldita,
como una gran familia
murieron juntos.

Sin esperarlo
descarrila el destino
con cada beso.

Sin fecha de caducidad

(A Javier Egea)

I
Versos maúllan
en la Isleta del Moro
Cabo de Gata.
Nuestros ojos se tocan
cada vez que te leo.

II
Un homenaje
de espuma en cada ola
vaivén de hojas.
La pleamar me arrastra
con fuerza tierra adentro.

III
A los poetas
también nos configura
nuestro destino
para una obsolescencia
programada y salvífica.

IV
Llora la Alhambra
en el cauce del Darro.
Quien te conoce
lo sabe, habla la luna
con los pasos más tristes.

V

Marcha el poeta,
queda la poesía
limpia y brillante,
escrita a borbotones,
leal y para siempre.

VI

Obras completas:
árbol de hoja perenne
es tu legado.
Semilla que da fruto
más allá del ahora.

Versos del adiós

El fin que llega
nos propone el comienzo
de otro final.

Vuela mi espíritu
en busca del sosiego
que tiene el agua.

Sacian mi sed
los frágiles momentos
de cada día.

Dejo al azar
con su chistera verde
que me sorprenda.

No tiene límites
el cielo que nos cubre
y nos cautiva.

No me preocupa
más allá del mañana:
vivo el instante.

Haga conmigo
la divina existencia
lo que le plazca.

Solo deseo
el descanso feliz
de los guerreros.

Epitafio lector

Los días pasan
como un mar de hojas secas.
No somos nadie.

No temo el fin
cuando el amor espera
al otro lado.

Eucaristía:
lectura que da fruto,
comunión mágica.

Hacerme libro:
morir en el regazo
de los lectores.

Descanso eterno,
aspiro a fundirme
en la palabra
como miel en la leche.
No temo al silencio.

Al otro lado
del lenguaje y su magia
el mar me espera.

Líquido amniótico,
cordón umbilical
de lo pequeño.

Que venga suave
el olor de la muerte.
Yo aquí la espero.

IV

PUENTE MÍSTICO

Dios es como la fuente, de la cual cada uno coge como lleva el vaso.
San Juan de la Cruz

O, por mejor decirlo,
que la palabra tenga
al par la luna, el sol:
Ágil la luz sagrada,
sangrando el corazón.
Antonio Carvajal

Poética de los cuatro elementos: Nosotros los poetas

Desde Homero para acá se ha dicho
todo y todo está escrito.
A lo único que puede aspirar el poeta
es a recrear de nuevo el mundo, una y otra vez
hasta el fin del tiempo.
La máxima reconquista reside
en decir más con las mismas palabras,
otras músicas, espacios, redobles
que amen el más difícil todavía,
otras maneras delicadas
de anunciar lo mismo con una luz diferente.
El poeta redime a la palabra
del olvido, el musgo y la telaraña,
y dibuja con letras el silencio
a gritos de la vida.
La palabra redime al poeta
que levanta acta del sacrificio
y la gloria que supone vivir
con esa voz a cuestas.

A lo sumo y tras mucho silencio lector,
puede redescubrir un alfabeto
caprichoso e inventar así otro idioma
dentro del mismo idioma,
otro lenguaje sísmico
que devuelva la frescura y el ingenio
que la costumbre arrebata por el camino.
El poeta levita en cada letra,

en cada coma se atrinchera en busca
de una metáfora brillante oro
que dé en la diana,
de un verso que contenga
la inmensa fragancia de las horas
y el gigantesco porvenir de lo pequeño.
Busca el mágico renglón de la historia
que antes nadie lo haya escrito:
—Agua Fuego Tierra y Aire—
Detener el tiempo en el vaivén
de los cuatro elementos,
como un milagro
en forma de oración y aldaba
que llama a la puerta.
Nada más nada menos,
esa es la salvación suprema a la que aspira
el rey de todos los vagamundos.

Estimado amigo,
yo también deduzco igual que tú
que la Poesía es la música hecha voz
imprescindible del Cosmos más íntimo,
su sonido excelente,
la magia de Dios que se hace verbo,
una antorcha encendida
que ilumina en la oscuridad del pensamiento.
El poeta va y viene
de un verso a otro verso
en busca del término más exacto
más lisérgico y más genuino
que reinvente la creación de cabo a rabo.

Como si el poeta fuera un atrapasueños,
un atrapaversos, la liria que caza pájaros
o el último héroe de ficción.

El poeta intenta que por su boca
hablen todas las criaturas del mundo,
las piedras y raíces,
elefantes, insectos,
la madre y el feto,
la lluvia y la nube.
A la misma vez es trino y silencio,
misterio y epifanía.
Quiere que por su boca
hablen todos los hombres
que no tienen voz ni consciencia ni alma
para poder quejarse
o para hacer de la sublevación
el acto más divino y más sublime.
Sí, el poeta habla en nombre de todos
y en el suyo propio,
en nombre del asfalto o la veleta,
y por ti también habla y calla y muere,
esta vez en el nombre
de los que hablan demasiado hasta
que el aburrimiento se apodera del deseo.
Y bendice y perdona y olvida,
y escupe y vomita
acaricia y ensalza y desprecia.
Y, por supuesto, ama y ama y ama.
Por su boca habla el fuego y la lluvia
el rayo y la tormenta

y el trigo azotado por el viento
a la espera de una bandada de estorninos
que dibujen en el cielo una mano
siempre dispuesta para la caricia
y el apoyo a modo de baranda.
Por su boca grita el hielo de la Antártida
y los árboles de la selva gritan.
El Amazonas se levanta en armas
para defender a los guacamayos.
Por su boca susurra la lombriz
y la libélula, el ocaso y la hojarasca,
la galaxia y el cometa.
Su garganta es un coro divino
en el que la creación entera canta,
cuadriga dorada oro
que el sabio Universo conduce en busca
de La Palabra.

La vida

La energía es a la materia lo que el alma al cuerpo
ANTONIO ENRIQUE

Todos los cuerpos
son sagrados, sagrarios
del mismo Dios.

Los seres vivos
comparten el don
de la energía.

Vida y materia
dotan al Universo
de una misma alma.

Transformación,
la muerte no existe,
es otro viaje.

En el amor
todo cobra sentido,
se mueve el cosmos.

Viajeros somos,
partículas que cambian
de un estado a otro.

En nuestro ser
lluvia nieve y granizo,
agua uno y trino.

Misterio Santo,
solo puede entenderse
con los sentidos.

Perfume y miel

I

Aquella primavera
se marchitó muy pronto
y el jardín quedó umbrío,
destartalado, arisco.
Nunca supo el secreto
que escondía la flor
en su silencio
hasta que abeja y miel
despertaron la luz
de un largo sueño.

II

Abejas somos de cada instante
que como flores entregan el néctar
a nuestra vida
tantas veces marchita cenicienta.
Y mientras tanto, el tiempo hace la miel
con los recuerdos que, al fin y al cabo,
son la colmena
del ser que nos define,
la paz que falta hace
y devuelve la luz de lo que fuimos.

Guion cinematográfico en cinco tomas

Toma uno.
El argumento es nuestro pan de cada día:
lo básico, lo fundamental, lo primigenio.
Sin él no hay tregua posible ni esperanza
que aguante la película de triacetato.
Primero debe estar lleno el estómago
y luego actúa la mente con su hambre.

Toma dos.
El ergástulo abre la tahona,
la habitación de la virtud o el pecado,
del placer incluso, del agua limpia
que sana y purifica,
del fuego abrasador que quema hasta el tuétano.
El ergástulo podría ser el paraíso,
nuestra esclavitud aquí en la tierra
en forma de espiga o amapola
desangrada en mis ojos.

Toma tres.
Dentro de una tinaja
envejece el vino y la verdad
del hombre que conduce al mismo Ser.
La uva finge que es el jardín del Edén
o el hogar del vino,
porque Dios habita en ti y es tu sangre.
Nosotros somos su sagrario
y su bodega: otro milagro de Caná.

Toma cuatro.
La tarde cae por el horizonte.
La mariposa vuela
en una plantación de girasoles.
El viento sopla unas sábanas blancas
tendidas en la calle.
Una amapola florece en una maceta.
La tarde es el paradigma del tiempo,
el Arca de Noé y el tabernáculo de Baco.

Toma cinco.
La danza de la vida se detiene,
derrama su baile sagrado en los pétalos,
como un derviche gira y gira
en la declaración del saltamontes
y en el testamento de las lombrices.
Mi cuerpo cubre de pámpanos verdes
la oquedad de mis ojos
como si yo mismo fuera una parra.
La verdadera salvación está en el néctar
de las vides. Nuestra mirada es otra vendimia.
Ahí está el milagro de las bodas de Caná
para dar fe y vino a quien lo pida.
El idioma del cine impregna lo que toca.
Somos un instante en la pantalla del Cosmos,
una estrella fugaz. Rebuzna un burro.

Divina providencia

La palabra y su gran baile holístico de letras
se hace logos de Dios aquí en la tierra,
se postra ante un niño
al que le llevan oro, incienso y mirra.
La palabra que nace
en un pesebre siempre es humilde,
por eso cada vez que la pronuncio
como un recién nacido me convierto en pesebre
que también es pila de agua sagrada.
Al hablar olvido la importancia que tiene
la teología del silencio en la escritura,
pero es su magisterio
el que salva del ego
hermenéutico,
epistemológico,
gnoseológico
nauseabundo.
Este amor que tengo por la palabra
redime del olvido cotidiano
convertido en asombro duradero.
El silencio es el pastor de los ojos
que guía su rebaño
por el pasto sabroso del instante.
La escritura es agua bendita,
el lector, un sagrario
con alas de ángel,
y el lenguaje es un lugar interino
en el que es posible lo absoluto todavía.

El oráculo de los momentos Rinzen

No podemos separar al observador del fenómeno observado
WERNER HEISENBERG

Cada uno ve según
sus ojos recipientes
el vaso medio lleno o vacío,
porque es la mirada
la que resignifica
el reflejo del mundo
y el eco del ser.
Son mis pasos los que hacen el camino:
caballo y posada al mismo tiempo
de este paseo que es la vida.
Como un espejo proyecto en mi alma
la frágil melodía
de lo pequeño,
el descanso fugaz de lo sencillo
que se hace instante
mortal en cada verso que transciende
el sorbo mínimo y cotidiano.
El resto es asombro, incertidumbre,
oráculo sagrado y casual
del aquí y el ahora,
la contemplación en estado puro.

El estro poético y la bondad del Ser

Ninguna biografía
está a la altura de su alma,
porque a todos nos une el deseo
de ser más perfectos de lo que somos.
A pesar de todas las coartadas
¿cuántas confesiones
puede aguantar un cuerpo
antes de romperse hecho añicos,
cuántas absoluciones necesita
para ver al mismo Dios frente a frente?

Al final, seremos, más allá de la verdad,
lo que los demás quieran recordar de nosotros,
un puñado de verbos
que nos harán sentir
como pequeños dioses
o el mismo demonio.
A veces no hay peor insulto que el halago,
especialmente si lo hacen para herir a otro
con saña y sin bondad.
Lo peor que se puede tener es
un corazón de piedra
que finge ser de carne exquisita.

La cultura es un barniz como tantos,
quizá el más falso y embustero.
En todas las casas hay alguien que nunca
ha leído un libro
y por eso el mundo no se acaba,
aunque se ponga un poco más triste.

Si has vivido de veras
y sin dobleces
no puedes ser tan bueno como dicen.
La vida vivida con valentía
lleva implícita un pago
de vanidad y culpa que jamás
ven los ojos. Aunque solo se vea
la parte humana que portamos siempre
habrá alguien que nos eche en cara nuestro daño.
Todo el mundo esconde
un animal por dentro
que muerde y da la rabia.

Es la búsqueda de lo transcendente
la que nos coloca en nuestro sitio,
unir palabras y hechos
en la misma metáfora de vida
consigue que seamos
un trozo demasiado imperfecto
de Dios aquí en la tierra.
El mundo también existe cuando no lo miras.

Virtudes existenciales

FE

I

Estaba yo vencido y sin aliento
cuando entraron los ángeles cantando
en busca de mi alma
para encender el fuego
de la fe y su consejo.

II

Como se mira a una madre miré
el cielo para sentir el abrazo
más tierno y comprender
la voluntad divina.
El resto fue sosiego,
Amor y Paz escrita con mayúsculas,
dejado el corazón dormido en un oasis.

III

Mas quise despertar y no podía
dar a la caza alcance.
Me dejé entonces llevar por el aire
y sentir en mis venas el latido
del mismo Dios remando
corazón adentro y más adentro
hasta quedar eternamente en calma
igual que un cervatillo
cobijado en las ubres de su madre.

ESPERANZA

Mañana es otro día
dispuesto con esmero
para que la luz del Padre ilumine
el destino y eleve nuestros pasos
a las alturas.
Mañana empieza hoy,
no dejes que te atrape
la pereza ni seas un esclavo
del desaliento,
como Lázaro levántate y anda.
La vida es el regalo más hermoso.

CARIDAD

Hermano yo te digo:
aquí tienes mis manos y mis ojos,
aquí tienes mi casa
y mi trabajo, aquí tienes mi tiempo:
mi único tesoro.
A veces no se trata
de buscar fuera lo que guardas dentro.
Comparte mejor siempre
lo que tienes más a mano y es más tuyo.
El mundo necesita de tus fuerzas.

La mirada pesebre

Mis ojos migrantes al otro lado
de los nombres, de las cosas, del bosque
líquido inflamable
cruzan el territorio del silencio,
de las manos frontera
y los pies peregrinos
para ponerse en la piel del otro
convertido en vuelo de libélula,
beso de sapo,
succión de mosca
y salto de ángel.
Mis ojos migrantes al otro lado
de la nada naufragan
en una isla de sal
blanca como la nieve
salazón de recuerdos
que crean mi destino
en la luz de la sangre
y el peso de la historia.
Somos lo que miramos, lo que vemos
es lo que existe y lo que falta.
La mirada modela el pensamiento,
crea la vida y las emociones,
destruye los vínculos o los crea.
Me miro al espejo y no me veo
si no es reflejado en el otro,
en el gesto amable de las flores,
en el sol del camino a mediodía,
en la arcilla de mi alma

y el vaivén de los barcos
que pierden de vista la tierra firme
y el roce circular de los planetas
esfera que claman en el desierto.

Quienes han visto saben lo que digo.

Lo que eres, lo que amáis, lo que soy:
la mirada pesebre
que nace eternamente en los ojos.

Semana Santa

La cruz guía abre
un itinerario místico
de capirotes.

Marchan en fila,
gotas de cera caen
en el asfalto.

Río sagrado,
Cristo subido en andas
va por la calle.

Reza el rosario
con tacones de aguja
la camarera.

La Santa Virgen
nos acoge en su vientre,
huele a incienso.

Va bajo palio,
se mueven los varales,
baila el cielo.

Avanza el trono,
tambores y cornetas
marcan el paso.

Luces de velas
iluminan el rostro
puro y sereno.

Desde el balcón
canta una saeta,
pelos de punta.

De cirio en cirio,
varios niños engordan
bolas de cera.

La gente aplaude
con cada levantá
tanto fervor.

El movimiento
calculado permite
la *performance*.

Banda de música,
frontis de catedral,
multitud de ojos.

La procesión,
éxtasis colectivo
de los creyentes.

Sagrario y palmas,
pan y vino y cordero:
El Monumento.

Él resucita
dentro de cada uno
si nos amamos.

Mística cotidiana

Ora et labora

I

Me levanto temprano,
a eso de las siete,
nada más apearme de la cama
tomo un café solo
y pongo pies a la obra
de planchar la ropa, fregar los platos,
hacer limpieza,
poner la lavadora
o ir al trabajo para ganar
el pan de cada día
con el sudor cansado de mi frente.
Y doy gracias a Dios
por estar dispuesto para la calma
a expensas de lo que quieran hacer
conmigo sus manos y mi destino.
Tiendo la colada de mi vida en sus versículos
puestos al servicio de la familia.

II

En ti confío abeja de las flores
que depositas en mi alma el polen
de todos los jardines.
Soy fruto de la miel
que alimenta la eucaristía
de una fe verdadera en el prójimo
convertido en camino
de salvación y tierra prometida.

III

Y qué puedo ofrecerte
con estas pobres manos
sino el fruto de la monotonía
de este amor por lo insignificante
que acaba siendo grano de mostaza
y agujero de aguja.
No tengo grandes méritos
salvo mis ganas de hacer mejor
las pequeñas tareas.
Mi vida es sencilla.

IV

Si me deja vivir
la disonancia del mundanal ruido
la mística fiel de lo cotidiano
yo dejaré un rastro
de miguitas de pan
que lleven de lo sólido a lo etéreo
como una vieja grúa cuyos brazos
juntan el horizonte
con la raíz ciega de lo pequeño.
Y entregado a tu amor
seré origen y destino de lo extraordinario.

V

Pero hágase tu voluntad y no la mía.
Que la hierba sea hierba
y las nubes solo aire.
Que los pájaros canten
la virtud de los peces

y el valor del silencio.
Que los manantiales cubran la sed
de los desiertos
y se acabe el hambre en el mundo.
Que la luz de la vida
eleve de lo humano a lo divino
hasta convertirme en profeta de la costumbre
y mesías del sacrificio diario.
Ser como una sirena
que atrae al marinero
a los arrecifes del celemín
que se hace atalaya
y última palabra del tiempo histórico
que alcanza en su regazo
la metafísica de lo inefable.

ÍNDICE

III. CÁMARA OBSCURA

IV. PUENTE MÍSTICO

Este libro se terminó de editar en Granada
en septiembre de 2024 por

www.aversopoesia.com
hola@aversopoesia.com